AF275806

José Iniesta

Un montón de piedras

 LA GARÚA
POESÍA · *Haiku, 11*

Primera edición: febrero de 2025

Dirección: Jesús Aguado y Joan de la Vega

Consejo editorial: Pablo F. Sopuerta, Lola Irún,
Paula Gámiz y Maribel Sola

© texto, José Iniesta
© LA GARÚA LIBROS
Barcelona (España)
www.lagaruapoesia.com

ISBN: 978-84-128186-9-7
Depósito Legal: B 1645-2025

Pasamos y nos agitamos en balde.
No hacemos más ruido en lo que existe
que las hojas de los árboles
o los pasos del viento.

Odas de Ricardo Reis,
FERNANDO PESSOA

De lo breve, a su infinito

Amanece en la playa de Oliva. Desde el apartamento miro el mar. El sol escala un cielo intacto, todo el mar fulgura y se hace de oro, no puede haber más luz. Somos lo frágil, somos lo remoto. No sé cómo empezar, siempre me pasa, y luego me desato. Rompen las olas en la arena sucesivas, hago míos los versos de la espuma y de las nubes en el libro inmenso del mar y de los cielos.   La poesía siempre fue un fuego en la noche, mi casa verdadera, y a su amparo viví en libertad. También es una piedra en el aire y una alta torre desde donde asomarme al misterio que soy, que somos. Grito y música, mirada y pensamiento, corazón y encrucijada constituyen su materia salvaje, y el mundo al abarcarnos nos comprende, se complace en el elogio de unos versos muy pobres.   Yo no soy un *haijin*, eso es verdad. Mi sentir es distinto, mis versos son ruido y furia en busca de la serenidad, son lejanía y fuga y arrebato, arden en su ignorancia. No es mucho lo que alcanzo, sé que voy a desaparecer. El viaje es importante, eso sí. Persigo un imposible: la llamada, la intensidad, y al cantar siento que no hay fronteras entre el árbol que miro y mi alegría, entre la tempestad del mar y mi tristeza.   La poesía es síntesis, su transparencia breve y honda. Exclamación, grito, miedos y ardores, oración o preguntas, lo pequeño y lo grande, todo cabe en un *haiku* si sabemos fluir. En una sola canción cabe la luz mágica del bosque, su son es capaz de abrazar la verdad de las nubes, la hermosura del trigo y la amapola, el suspiro y el quebranto, la nieve en la montaña, mi pena grande. Cuando el poeta encuentra su decir no sabe qué sucede, su voz gira y cae y no es su voz, y su alma despega de todas las caídas, su miedo se transforma en una rosa o en un amanecer.   Yo no soy un *haijin*. No sé si algunos de estos poemas son *haikus*, pero puedo afirmar que en ellos tiembla entera la llama de mi vida y el minuto presente, que contienen mi mirada más limpia y una sola cumbre, y toda la belleza arrebatadora del mundo. No son mentira ni fracaso, son una oración en el camino, un vuelo desatado de su vértigo, voces y pasos que se hunden en los arenales de la vida.   Escribo por necesidad, lo dije otras veces. Oficio y destino frente al acantilado. Palabras que son luz en la sal de una herida. Música apenas para nombrar las selvas del sueño y los desiertos de la realidad. No sé si estos cantares son *haikus*, perdonad mi ignorancia, ya voy a un no saber. Sí puedo afirmarte, lector, que *Un montón de piedras* es la búsqueda de lo sagrado en mí, entrega y amor, sangre de mi sangre y arboledas, y un río dentro, jornadas en la niebla buscando la claridad.   Yo fui un niño, alguna vez. Aún resuenan en mí las nanas y las coplas que mi madre me cantó, origen de la luz. Ahora no soy nada, nadie. Creo que escribo para regresar a una casa pobre, tal vez, no sé, para derramar mi voz rota antes de despedirme.   Desde lo humilde a lo profundo, desde lo pobre a mis tesoros, desde la respiración al aire, estos cantos desean darse a su niño secreto, nada más, y cerrar el círculo increíble de mi existir. Instante y eternidad, cielo y tierra, quietud y temblor en lo que clama, donde somos silencio.   Somos silencio. Yo no soy un haijin, no sé quién soy, no sé qué hacer con mi vida, mas poseo el oro de una certeza. Todo el universo cabe en tres versos, y toda mi aventura, tú me ves. Os doy mi cántico, es todo cuanto tengo. Un montón de piedras es un lento viaje a lo absoluto, donde habita el destello.   Mi pasión por lo breve viene de lejos y escala a lo infinito. Aquí me arrodillo para beber el agua entre las piedras, y en este manantial se oye el pálpito del viejo mundo. No sé, este montón de palabras solo quiere ser la raíz profunda y la rama verde del árbol, el sol salvaje madurando la deseada fruta, anticipando su sabor.   Cuánta sed en el viaje, y cuánta luz.   He leído muchos *haikus*, y sé que no soy un *haijin*. Yo solo soy un niño cantando bajo la lluvia, bebiendo aún el agua de los cielos. Yo solo soy un viejo rebelde soñando una canción, nada más, este templo no tiene dioses, su sed remota solo se somete al arcano del amor y sabe beber de muchas fuentes.   Esta voz en su cueva solo persigue la claridad de un alto mediodía.

Oliva, 19 de julio de 2024, mirando el mar.

A Teresa, en el camino

Sol en un muro

Todo acaece
en mi jardín cerrado
a su infinito.

Noche estrellada.
La música celeste
en nuestra sangre.

Jarrón con rosas
marchitas deshojándose.
Son mis certezas.

Un perro ladra
toda la noche al frío
de las estrellas.

Viento de otoño.
Ocres vuelan las hojas.
¡Somos lo leve!

Tristeza, apártate,
¿no ves que están ya en flor
las ramas verdes?

¡Qué gran alcance!
Debajo del granado
tiemblo, y respiro.

¡Qué gran arquero
de nubes y horizontes
mi corazón!

Nadie en mi casa.
Musito mi oración.
Nombro la Nada.

Sol en mis manos
y el cielo más azul.
Regresa un niño.

Fuego y jazmines
en la piel de mi amada.
¡Cuánto derroche!

Juega el otoño
con mis melancolías
y la hojarasca.

Asciende el humo.
Se diluye en el cielo.
Desaparece.

Dame tu boca
para olvidar la muerte
con tu saliva.

En los adioses
nunca acaba el estruendo
de una batalla.

Secreta noche.
Salgo al balcón y lloro
a las estrellas.

La hiedra verde
trepando hasta su luz
tiene un destino.

Tiembla lo oculto
bajo el glaciar salvaje
de mis recuerdos.

Dentro del verbo
edifiqué mi casa
con las preguntas.

Mi mano aprieta
en una piedra dura
un dolor grande.

Menos es más.
En una sola rama
tiembla la vida.

Parra en mi patio:
un ajedrez de sol
juega con sombras.

¡Qué gran suceso
acercarme hasta el árbol,
comerme un higo!

Cómo me amparan
la parra y sus racimos.
Zumbar de abejas.

Fila de hormigas
hasta el azucarero.
¡Partición justa!

Qué sol de invierno
en el jardín. Hoy se abre
mi rosa mística.

Mi pie golpea
una piedra pequeña
como mi vida.

Duerme la escarcha
encima de las coles.
¡Voy para viejo!

Mi rostro al sol,
agradece. Mis manos
palpan un muro.

En mi balcón
un paisaje distinto
cada mañana.

Llego a mi casa.
Se desvanece el mundo.
Todo es tu risa.

Desde mi puerta
me asomo al universo.
¡Noche encendida!

Un cementerio
sin nadie, y la memoria.
Montón de piedras.

Vida cumplida
la del mirlo cantando
en la alta rama.

Moras salvajes.
Mi madre aún me aúpa.
¡Mi boca llena!

Envejecemos,
mi amor, y tu belleza
tiene memoria.

Mi niño corre
persiguiendo su sombra,
¡y el sol se ríe!

La vida insiste
como el jazmín que aroma
mi patio oscuro.

Llegó el invierno
a tu jardín nublado.
¡Debes cantar!

¡Qué buen amigo
el jilguero en la rama
con mi canción!

A mis hijos Irene y Tomás

Cuando me muera
me iré cumplido y libre
con vuestro amor.

Tarde nublada,
y un vuelo de palomas
hasta el ciprés.

Arde mi llama
sola en la noche. Tiembla,
porque fulgura.

Beso tu vientre,
matriz donde reside
mi miel salvaje.

Playas de Oliva.
Miro atrás, y las huellas
son imborrables.

Banco de piedra,
y la flor del granado.
¡Vivo conforme!

¡Nada podemos!
Se marchó con la nube
mi vida entera.

Tengo un clavel
y una herida, los cambio
por la inocencia.

Eternamente
en el viejo jarrón
hay una rosa.

Indestructible
este sol en el muro
desmoronado.

En el alféizar
unos geranios rojos.
¡Gracias, mirada!

Ronda la muerte.
La acepto y me confío.
¡Ciega mudanza!

Salgo al jardín.
Noche de astros y mirtos.
¡Mi vida es otra!

Siempre está en mí
el niño de la luna y
corre tras ella.

Sábanas blancas
tendidas bajo el sol,
¡y el alma al viento!

Mañana gris.
La fría luz sin sombra
de la belleza.

Llegaste, invierno.
La vida se nos dio
cuando nos dimos.

No es oro el tiempo.
Afuera está nevando.
Mi alma es paisaje.

La madreselva
se encala hasta su sol
en las murallas.

Despierto, al alba.
Tu presencia desnuda
prende la hoguera.

La casa a oscuras,
y una vela encendida
en nuestra carne.

Mi corazón
es un reloj sin hora
enamorado.

Entro en la ermita.
¡Qué oración su silencio
para el pagano!

Luz en la cueva.
Memoria de tu cuerpo,
¡diamante oscuro!

Cinco palomas
rayan las claridades
de mi alborada.

Estoy despierto
toda la noche. Canto
mi noche en vela.

La mecedora
del viejo está acunando
su desmemoria.

No está mi padre
sentado en su sillón
cuando lo abrazo.

Abandonado,
ladra un perro a la nada
toda la noche.

En mi cuaderno
de alucinadas voces
escribe el viento.

Solo tu aroma,
flor de azahar y nieve,
me hace creer.

A mi hija Irene

¡La luna rota!
Mi niña aún la llora
entre mis brazos.

Huelen mis noches
a jazmín y azahares.
¡Viene de lejos!

Serán del mundo
aunque nadie los lea
todos mis versos.

Qué gran lección
sentarme en esta piedra,
bajo el granado.

Desván a oscuras.
Hiende un rayo de sol.
¡Polvo en la luz!

Qué agrio el olor
de la pobreza, madre.
¡Dame tu mano!

Tocan a muerte
las campanas. Dos niños
juegan con piedras.

Realidad
y deseo, lo mismo.
Estás desnuda.

En el poema
crecemos como el árbol,
¡hacia la luz!

La rama más alta

Soledad grande.
Asomarme al misterio
de no ser nadie.

Ando descalzo
sobre las brasas vivas
de la tristeza.

Noche de luna
llena, y encrucijada.
¿Qué senda elijo?

¡Válgame Dios!
En mis entrañas clama
lo inexplicable.

Miro una estrella
cautiva en su oquedad.
Tal vez ni existe.

Tocamos fondo.
Amamos. Moriremos.
Arderá el canto.

Tiene mi sueño
una fuente escondida
en sus desiertos.

Es mar la vida
y tempestad, no río
a sus caudales.

Fuera y adentro,
¡lo mismo! Qué lejanías
en nuestra sangre.

No esperar nada.
Todo está donde estuvo,
a nuestro alcance.

Lo perdí todo
por amor. La ganancia
es entregarse.

No tengo nada,
salvo esta luz rodando
sobre la tierra.

Creo en los árboles.
Ni leyes ni razones.
¡Con mi ignorancia!

Hoy sé quién soy
mirando lo mirado.
Humo en el aire.

Gira la tierra
y mi sangre, y la noche
sigue girando.

Mi piel manchada
por el sol y los golpes
cuenta mi historia.

La noche adversa
me desvela el fragor
de lo arrasado.

Viejas palabras
para nombrar con vértigo
el mismo amor.

Rompo el reloj.
Nada me apremia. Todo
puede esperar.

Vela en la noche
para ti, padre, dentro
de mi escritura.

Mi amor es más
que el espanto seguro
de ir a la muerte.

Celebra el mundo
despiadado y bellísimo
que nos derrota.

¿Por qué escribir
la llaga regalada
en nuestra cueva?

Qué noble oficio
mirar cómo anochece
dentro del alma.

Nos alejamos.
Más cerca de la muerte
algo comienza.

Lluvia y raudal
desbordando los cauces
del desconcierto.

Todo es origen
y acaba en este páramo,
¡mi sed primera!

Aspira sus olores.
La vida es una rosa
antigua y frágil.

Gira la rueda.
Nada se repite. Todo
despega ahora.

Teje el misterio
el tapiz prodigioso
de mi memoria.

Somos el viaje.
¡La vida a cada paso
es vida nueva!

Cuánta verdad
en la fuente que nace
entre las rocas.

No soy el mismo
en los acantilados.
No soy lo mismo.

Lo tengo todo.
Mi vida sin deseos,
y ser el canto.

Mis materiales.
¡Armonía y dolor
cada jornada!

Tengo un refugio
en los acantilados.
¡Es la ternura!

Homenaje al flamenco

La pena grande
es la pena que nunca
puedes llorar.

La claridad.
Paisajes en la niebla.
El mismo sueño.

Todas las cumbres
de mi vida son una.
Ser lo lejano.

Conciencia y átomo
para aceptar lo frágil
y ser lo ignoto.

Belleza y cántico
en las tierras feraces
que malogramos.

Todas mis noches
meditando esta vida
que va a su muerte.

Clama mi vida.
No temeré a las fieras.
Cojo las flores.

Tenemos miedo.
Nos salva la belleza.
Creemos nada.

¿Por qué cantamos?
¿Para quién el poema
que nadie escucha?

Es más sencillo.
¡Todo cuanto soñamos
fue la verdad!

Qué ameno el viaje
cuando amamos la música
que nos transforma.

Noche infinita.
En nuestra piel esplenden
todos tus astros.

Hallé la hondura
en la naturaleza,
¡y mi árbol crece!

¡Respira y calla!
Adéntrate en tu cueva
iluminada.

Un hombre solo
excede al universo
con su querencia.

Tiempo contado,
y amar la plenitud
triste del mundo.

Sin condiciones.
Me entrego a la alegría
y a lo imposible.

De claro en claro,
por las selvas oscuras
de mi existencia.

Ser o no ser
no es un dilema. Nunca.
Nada elegimos.

Ayer es hoy.
Mañana el mismo río.
¡Qué sequedades!

Junto a mi vida
mana una fuente clara,
hasta la muerte.

No tengas prisa,
muerte, que voy despacio
por mis veredas.

Tengo una lámpara
al fondo de la cueva
del pensamiento.

Cuando no exista
alguien dirá mi nombre
mirando el mar.

Cuánta hermosura
alejándose de mí
que me voy lejos.

Qué dulce lanza.
Sigo temblando. Muero
de tanta vida.

Mi último viaje
es un largo regreso
hacia el amor.

Fin y principio.
La luz nueva del alba
sí nos responde.

Estoy cansado
de escalar por los riscos
de las pasiones.

Qué certidumbre.
Un dios habita en mí,
y en nada creo.

Corren caballos
salvajes en mis venas,
y yo no existo.

Bendita calma
después de la explosión
y sus derrumbes.

Vamos despacio,
hasta el final. ¡Cuán largo
ha sido el viaje!

Mi extensa vida
fue solo una canción
de amor y vuelo.

Contempla fuera
el llano en llamas. Eres
ilusión y hambre.

Extraño bosque
mi amor. Niebla la vida.
El sol, mi suerte.

Cierro los ojos.
Se esclarece la noche.
¡Luz a lo lejos!

Nadie merece
no encontrar su oración
en el desierto.

Dentro rumores,
voces ausentes. Fuera,
mi luna calla.

¿Qué me sostiene?
¿Adónde voy? ¿Quién grita
mi nombre roto?

La muerte amiga
y la ignorancia siempre
van con nosotros.

Lo incomprensible
no es la noche infinita.
Es nuestra búsqueda.

Siempre el fracaso
le desveló a mi vida
caminos nuevos.

Solo tres versos,
y cabe un corazón.
Todo trasciende.

Sombras y luces
en el viaje de todos,
¿hacia la nada?

¡Esta luz fiel
que me abandonará
vendrá conmigo!

Un largo olvido
germina en el silencio
de nuestra carne.

Atravesar el bosque

Tuve un encuentro
atravesando el bosque
conmigo mismo.

La voz del campo
se funde con mi voz.
¡Habla el silencio!

¿Por qué, belleza,
florecen los cerezos,
desde qué savias?

Un grillo canta
lo eterno y lo sencillo.
¡Y lo lejano!

¡Cede y entrégate
desnudo al sol y al viento,
como las cumbres!

¡Qué denso bosque!
Me perderé, lo anhelo,
para encontrarme.

Lección del campo.
Las jaras florecidas
jamás nos mienten.

Cuánta hermosura
en las tierras baldías.
¡Florece el cardo!

A Antonio Moreno

Hambre y misterio
donde cantan los pájaros
a un dios sin nombre.

Gozosa llaga
al ver en los trigales
las amapolas.

Aguas tranquilas
reflejando en su cauce
mis montes secos.

La flor del cardo:
mi rosa de la sed,
mi inmortal rosa.

¡Envidio al roble
por ser todo y ser parte
del bosque único!

Dejo atrás todo.
Me inclino a la belleza
de la amapola.

Salgo a los campos
y existo. Es un templo
de luz, sin dioses.

Bosque animado.
Huye el ciervo en la nieve.
Un cuervo grazna.

Todo me empuja
a seguir monte arriba
con mis tropiezos.

Niebla en los valles,
y en las cumbres el sol.
Qué incierta aurora.

Lavo en el río
mi rostro de derrotas,
y me perdono.

Lo más sagrado
es este sol antiguo
sobre las piedras.

Ante un ribazo
de piedra en equilibrio
somos derrumbe.

Tarde sin viento.
¡El bosque en calma
me intranquiliza!

Liba la abeja
un sueño de azahares
y primaveras.

Algo perdura.
Algo inmutable es flor
en las adelfas.

¿No es increíble
poder labrar la tierra
para sembrarla?

Se calla el grillo
al pasar a su lado,
¡y al irme, canta!

Vuelan dos águilas
la claridad del cielo.
Y yo, ¿quién soy?

Un árbol seco.
En él pone su nido
mi desventura.

Cavar la tierra.
¡Qué olor fecundo a vida!
Es la respuesta.

Llegó el momento.
Abandono el camino.
¡Quiero ser selva!

Mirad los lirios
del campo y comprended
lo que es la vida.

Bendita lluvia
en la tierra y mi cuerpo.
Ceniza y rosas.

El mar y el sol
me lo perdonan todo.
¡Piadosa playa!

Nube en el cielo.
¡Cómo envidia mi piedra
tu viaje, adónde!

Noche en la noche,
¡desvélame de todas
cuál es mi estrella!

Mata de espliego.
Al rozarte, mi viaje
me huele a dicha.

¡Cigarra, cántame
al sol del mediodía
qué significo!

Senda en el bosque
nada más, y la música
ebria del hambre.

Nado en el río.
No tengo porvenir.
Todo no fluye.

Con la camisa
abierta al sol y al aire.
¡Pulmón, respira!

Materia idéntica
el roble herido y yo.
¡El mismo rayo!

En la montaña
la luz nos reconcilia
con lo sagrado.

Cómo me vence
el esplendor de mayo
en los majuelos.

El bosque acepta
mi estupor, y lo muda
en gratitud.

Saber lo justo,
como el sol en los álamos,
¡para que crezcan!

Profundas cárcavas
de lluvias en la tierra.
¡Mi aulaga en flor!

Salgo a mis montes,
y un roble me da fuerzas
al abrazarlo.

No ser y estar.
Mi sueño nada sabe
por el camino.

Toco una roca
reseca de sol y áspera,
¡como mi rostro!

Nubes, sol, árbol.
Fuente y sed en la noche.
Miedos, caminos.

Levanto el rostro
a los cielos, y el viento
seca mis lágrimas.

Florece el pruno,
mientras mi vida pobre
va a su agostarse.

Igual que el árbol,
ser lo absoluto y parte
del bosque eterno.

Mar, brisa y cielo.
Nadador en la espuma
fugaz del tiempo.

Montes lejanos,
y un cielo azul sin nubes.
¡Vivir mirando!

Humilde arraiga
el poleo en la roca
con sol y tiempo.

Flor de azahar.
Nunca tuvo mi vida
tu perfección.

Surcos de tierra.
Voy lanzando mis versos
como semillas.

¿Desde qué savia
se abren las flores, todas,
en los cerezos?

Hay una ermita
en una loma, al sol.
Somos del aire.

La tierra espera
debajo de la nieve
al sol de marzo.

Miro el camino.
Giro mi rostro. Nadie.
Todo me nombra.

A César Simón

Noche de agosto.
Qué sinfonía el campo.
Cantan los grillos.

Con cuánta gracia
se ha posado en mi mano
la mariposa.

Bosque del mundo
y pasos en la nieve
hacia lo inhóspito.

Qué tempestades.
Ola tras ola, el mar
contra mis costas.

No digas nada
si canta el ruiseñor
en la arboleda.

Siempre seremos
en medio del desierto
polvo de estrellas.

Pena y cansancios,
y florece el tomillo
mientras andamos.

Qué leve el polvo.
Qué piedra mi existir
rodando siempre.

¡Cómo me salva
bajo un nogal la música
grave del viento!

¡Pobre el romero
en flor! Cuando no exista,
¿quién te hablará?

Andando a oscuras,
todo lo vi en la noche
de los relámpagos.

Mi vida indómita
asciende, paso a paso,
su monte humilde.

Valió la pena
subir hasta la cumbre
equivocada.

Cavas la tierra.
Los golpes de la azada
dictan tu haiku.

No tiene estudios
el ruiseñor que canta
mejor que nadie.

La mar te espera.
Oscuros embarcamos
hacia el misterio.

Ramas doradas
por el último sol.
Llegó mi noche.

No sé por qué
me detuve en el puente
toda mi vida.

Índice

Un montón de piedras

7   De lo breve, a su infinito
       Prólogo del autor

17   Sol en un muro

47   La rama más alta

79   atravesar el bosque